FACE A NOUS

« There is a crack, a crack in everything,
That's how the light gets in... [*] »

Leonard Cohen

« Il y a une fissure, une fissure en tout,
C'est comme ça que la lumière entre »

Remerciements

Le sourire, quelle belle définition de notre singularité, quand notre *animal* exprime le plaisir, la sympathie, l'affection ou l'amour ! Alors, merci pour vos sourires, ... pour chacun de vos sourires ! Vous en retrouverez quelques-uns dans ces pages...

Merci à la poésie, pour ce qu'elle est et pour ce qu'elle permet.

Et merci à Marie pour ces jolies illustrations, en particulier la Coccinelle de la couverture 😊 ! Et merci à Marielle et à Marie qui sont mes fidèles et patientes relectrices.

A maman

Faire face

Qui appeler dimanche ?...

Qui appeler dimanche
En fin de matinée
Le jour où les cœurs penchent
Pour mieux se reposer ?

Qui appeler dimanche
Le dernier de l'année
Quand les nuits sont si blanches
Qu'il nous faut y veiller ?

Qui appeler dimanche
A qui peut-on parler
De façon douce et franche
Dans la simplicité ?

Qui appeler dimanche
S'il ne vient pas l'été
Quand les plus fortes branches
Laissent leurs feuilles s'envoler ?

Qui appeler dimanche
Si tu t'en vas marcher
Cueillir quelques pervenches
Sans plus te retourner ?

Qui appeler dimanche ?...
A qui l'on peut confier
Que certains jours on flanche
Face à l'adversité ?

Qui appeler dimanche,
Quand l'élégance née
S'éloigne, se retranche
Et part se reposer ?

Maman, j'attends dimanche
A vouloir espérer
Que deux mondes étanches
Vont longtemps se parler.

Sourire

Novembre 2021, semi-Marathon du Beaujolais avec « Laisse Courir »

Ils sont vingt mille autour de nous,
Tous bariolés, tous en couleurs.
Pendant que toi, tu es debout,
A plier la course en deux heures.

Quand il s'agit de Marathon,
Chacun joue avec ses limites.
Mais l'état d'esprit des champions,
Appelle toujours une suite.

William, si j'ai écrit trois lignes,
C'est juste pour te dire merci
D'avoir pu arpenter ces vignes
A côté de toi qui souris.

Mon frère a perdu sa moitié,
Il y a huit ans aujourd'hui.
Il continue à avancer,
Comme toi avec cette envie.

S'il faut te dire ce que j'entends
Du souffle de cette journée-là,
Ça a la forme du présent,
Comme un cadeau pour un combat.

Comme on ne peut prédire demain,
Regardons plutôt aujourd'hui.
Ce que l'on a vécu à vingt,
Peut servir de philosophie.

Alors qu'il pleuve ou bien qu'il neige,
C'est quand tu veux pour repartir.
Préviens-nous si c'est en Norvège,
Mais derrière toi, on « Laisse Courir ».

Faire face

Face à l'absence,
Ou face à moins.

Sans références,
Le lendemain.

Dans le silence,
Mais près des miens.

Faire face.

Face à nous

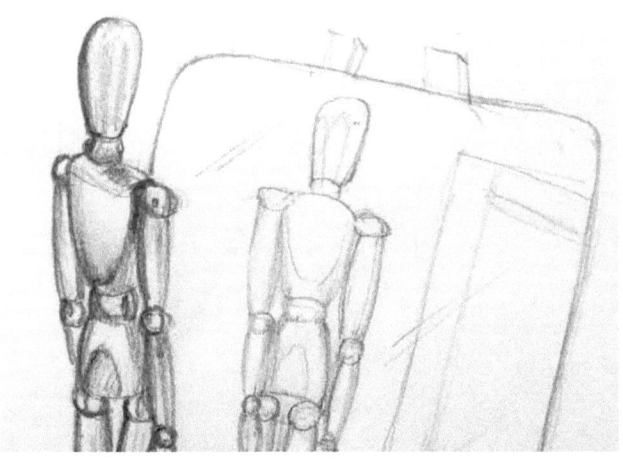

Bleu et jaune

24 février 2022

Un jeune enfant dessine
Appliqué, silencieux,
Des brins de santoline
Au milieu du ciel bleu.

Il n'entend pas derrière
Ce que ses traits déclenchent…
Un ours militaire
L'attaque à l'arme blanche.

Le petit se transforme
Et change son dessein.
Il passe un uniforme
Pour reprendre son bien.

Du plantigrade haineux,
De l'enfant harcelé,
Il n'est qu'un courageux,
Qui sait la liberté.

L'autre refait l'histoire
A tracer un empire,
Où chaque territoire
Servait à obéir.

Quand tombera la pièce
Qui fixera son sort
Les fumées grises, épaisses
Quitteront le décor.

Prions que la figure
Menteuse de la menace
Acceptera l'augure
Sans en perdre la face.

Les coccinelles

Confinement, 2020

Expérience

Attrapez un petit insecte,
Débarrassez-le de ses ailes.
Formez une petite secte,
De quelques mâles, quelques femelles.

Voyez maintenant la tribu,
Comment elle saura s'adapter,
Lesquels de ces individus,
Sauront retomber sur leurs pieds.

Cette expérience un peu cruelle,
Pourrait en décevoir certains.
Il n'est pas une coccinelle,
Qui valle grand-chose en dessein.

Confinement

Imaginons le même test,
Sur des bêtes plus évoluées :
Un virus ou même une peste,
Qui trouble sa sécurité.

La peur va pousser l'animal,
D'abord à vouloir s'enfermer.
Ceux qui ne sont pas portés pâles,
Vont choisir de se confiner.

Souvenez-vous des coccinelles,
Perdues quand on les cloue au sol.
S'agissant de lui ou bien d'elle,
C'est un tout autre protocole.

Pourtant l'épreuve est difficile,
Personne n'était préparé.
Mais l'âme humaine est bien docile,
Quand il s'agit de sa santé.

La première étape est rapide,
Il s'agit de s'organiser.
En très peu de temps ils décident,
Comment ils vont s'alimenter.

Puis le temps se fait oublier,
A force de copier les jours,
Qui passent sans vraiment changer
Dans l'aire du même alentour !

Demain y perd de sa superbe
Qui doit ranger son imposture,
De nous faire croire que l'herbe
Est plus verte dans le futur.

La crise nous pousse au présent,
Peut-être un cadeau de l'histoire.
Se contenter de maintenant,
Et que la suite aille se faire voir.

Se relever

Dans la peinture de Soulages,
Le noir révèle la lumière.
Existe-t-il meilleur ouvrage
Pour dire l'art de nos manières ?

On pourra toujours espérer,
Rassurer nos pieds nus, fragiles
Dans de grands chaussons en acier
Qui en protègeraient l'argile.

Ces huit semaines existentielles,
Ont-elles les traits d'un salut
Qui indiquerait aux statues,
Façon de traiter les séquelles.

Adaptation

Sapiens a tracé le chemin,
Du collectif et du voyage.
Neandertal, lui, s'est éteint,
Première victime du braquage.

Il faudrait pourtant définir,
Comment assumer nos instincts,
Pour continuer à nous grandir,
En conservant quelques voisins.

La précarité des bipèdes,
Est connue parmi les espèces.
Mais leur nature et leur remède,
Sont bien de s'adapter sans cesse.

Ecosystème

Un étroit écran numérique,
Renvoie une vision carrée,
D'une jolie terre sphérique,
Qui refuse d'être enfermée.

A contempler le monde en face,
A travers un carreau de verre,
On voit aisément la menace
Qui pèse sur notre univers.

La douillette planète ronde,
Ne peut contenir sa nature.
Alors les glaciers nous confondent,
Et n'apaise plus le mercure.

On a brûlé tant d'énergie
A vouloir se réinventer,
Que bien des sources sont taries,
Et ne nettoient plus nos excès.

Qui pourrait dire qu'il ne sait pas
Combien il nous faudrait de Terres,
Pour satisfaire tous nos choix,
Sans coloniser l'univers ?

Remerciements

Après des mois de solitudes,
Qu'elles soient vaines ou qu'elles soient utiles,
Certains revoient leurs habitudes,
Entre l'essentiel, le futile.

Les vieux qui meurent à la pelle
Voulaient tellement nous parler
Ou chuchoter aux coccinelles,
Qu'un regard les aurait – peut-être – sauvés.

Au moins aujourd'hui on sait voir,
Les anonymes courageux,
Que l'on prenait pour accessoires,
A l'époque où tout allait mieux.

L'état d'urgence a la vertu,
De nous montrer tels que nous sommes.
Le fil de nos vies est tenu,
Par quelques femmes et quelques hommes.

Eux disent qu'ils font leur travail.
Nous applaudissons aux balcons.
Ils ne veulent pas de médaille.
Pourvu que nous nous rappelions.

Les coccinelles, toujours à terre,
N'ont rien inventé de nouveau.
Elles retournent à la poussière,
Après quelques jours, privées d'eau.

Les phénomènes à deux pattes,
Ont d'autres atouts à produire,
La race humaine lauréate
Songe encore à son devenir.

L'expérience était méritée
Diront les faiseurs de futurs.
La terre a été malmenée,
Elle se venge de nos injures.

Ne signons pas de chèques en bois
A ceux qui veulent renverser
Un système tout de guingois,
Dans lequel nous vivons en paix.

Il ne reste des coccinelles
Que de fines traces laissées.
Fallait-il leur couper les ailes,
Pour savoir leur humilité ?...

Un virus n'a pas de morale.
Il assure sa destinée.
Garder en vie l'hôte est vital,
Pour qui voudrait y prospérer.

Le procès

Procès contre Charlie Hebdo, février 2007

Elle se tient là, face à la cour,
Fébrile et tremblante à la fois.
Il est question de son amour,
De son expression quelle qu'elle soit.

Elle sait par cœur, le sens du vent,
De ceux qui voudraient la souffler,
Ceux qui parlent si bruyamment,
Qu'on pourrait se sentir obligés.

La petite flamme a vacillé,
Elle a presque failli s'éteindre.
Mais un avocat éclairé,
Défendra celle qu'ils veulent atteindre.

Si le vent est notre ennemi,
Qui veut farder sa vérité,
La peur a déjà beaucoup pris,
Au pays de la liberté.

L'événement a fait long feu,
Ne risque-t-on pas d'oublier
Les dessinateurs courageux,
Qui savent le prix à payer ?

Si votre fille...

Elle s'appelle Mila.

Que diriez-vous si votre fille
Pour se mettre en sécurité
Devait demeurer sous abri
Dans moins de vingt mètres carrés ?...

Que diriez-vous si votre fille
Avait perdu sa vie privée
Pour avoir choisi le parti
De ne pas vouloir renoncer ?...

Que feriez-vous si votre fille
Se trouvait menacée de mort
Par une horde de nantis
Voilés de pseudos matamores ?...

Que feriez-vous si votre fille
Malgré la peur qui la dévore
Avait des allures de Charlie,
Pour son courage de vivre encore ?...

Que faisons-nous pour une enfant,
Dont la vie s'arrête à vingt ans,
Parce qu'elle a commis le péché,
De dire son droit de s'exprimer ?...

Et si un jour, et si demain,
Elle devait perdre son destin
A ne plus distinguer l'enfer
Trop longtemps privée de lumière.

Que dirions-nous à ses parents ?
« Qu'on sera toujours là pour eux ?...
Que tout cela est malheureux !...
Ah, si on avait su avant ! »

La tête haute

Samuel Paty

L'esquisse du prophète
A terni nos Lumières
Et risque la défaite
Des enfants de Voltaire.

Il est bien quelque part,
En chacun d'entre nous,
Un doute peu bavard,
Dans nos ventres trop mous.

Dessiner Mahomet,
Avec ou sans Charlie ?
Exhiber un pamphlet,
Comme un point sur un i ?

Ne croire plus à rien,
Ou bien à son contraire,
Ne fait pas d'un voisin,
Une raison de guerre.

Qu'importe qui dirige
Cette terre et le reste.
La foi ne nous oblige
Qu'à la beauté des gestes.

A l'école et ailleurs,
Soyons un peu plus fiers
De dire nos couleurs,
Quand d'autres nous enterrent.

Nous ne perdrons la tête,
Que si nous la baissons.
Que la liberté fête
Sa propre religion.

Electron libre

Radio actif !

Les tacots électriques,
Sont nourris d'électrons.
En terre germanique,
Ils roulent au charbon.

Qui a repeint en vert,
Les batteries chimiques,
Qui sans le nucléaire,
Multiplient les tropiques ?

Combien d'hélices encore,
A brasser les nuages
Quand le vent chaud nous mord ?
Après le vent, la plage !

Ecoutez les Martiens
Sur leur planète rouge,
Qui menacent un voisin,
Pour un neutron qui bouge !

Reste-il un parti,
Une place publique,
Où l'on ose l'avis
Des vertus atomiques ?

La question est centrale
Pour notre indépendance.
D'autres supplient l'Oural
Par leur insuffisance.

Si le feu un lundi,
Saisit une maison,
Qui attendrait jeudi
S'il tient la solution ?

Roues libres

J'ai observé quelques nantis
Qui savent tant se faire entendre,
Que de tous les larcins commis
Ils n'ont jamais à se défendre.

Un décret il y a trois semaines,
Semblait conjurer l'imposture.
Le lendemain, le capitaine,
Battait en brèche la mesure.

Ce groupe-là est sur deux roues,
Et les lois de la République
Les épargnent de bout en bout,
Sans l'ombre d'un avis critique.

Parking gratuit, pas de vignette,
Pas de mesure de pollution.
Contrôle technique aux oubliettes,
Et pour le bruit, l'absolution.

Réveiller dix mille habitants,
Est devenu chose normale,
Dès lors que vous êtes « au volant »,
D'un petit bolide à pédales.

Si vous souhaitez vous exempter,
D'un code de bonne conduite,
Alors il faut privilégier,
Deux roues pour les zones interdites.

Mais qui protège ce système ?
C'est une association grégaire,
Qui dicte souvent les barèmes.
Ce sont « Les motards en colère ».

Ce groupuscule est bien connu
Par nos groupements politiques,
S'ils bougent, il n'est pas un élu,
Qui défende le bien public.

Pour cette nuit, priez bien fort,
Quand vous voudrez vous endormir.
La moto, c'est pour le transport,
Les décibels, c'est par plaisir !

Pour prétendre à sa société
Au détriment de son voisin,
Mieux vaut peut-être vérifier,
Ses croyances le lendemain.

Je n'ai pas eu cette sagesse
Il y a trente ans, à Ndjaména.
Je chevauchais une diablesse,
Dont j'entends le bruit jusque-là.

Le petit bolide dehors,
Qui vient abréger mon sommeil,
A une allure de mentor
Qui sert de miroir à ma veille.

Grand frère

Big Brother ?...

Aux confins de l'Amazonie,
Il a construit, juste pour vous,
Maître Bezos, le Manitou,
Un calendrier infini.

Quand vous bougez le petit doigt,
Pour caresser votre clavier,
Le mouvement est conservé,
Comme le son de votre voix.

Que faisiez-vous il y a dix ans,
Au premier jour de février ?
Aucun souvenir surement,
C'est pourtant bien enregistré.

Quelle importance me direz-vous ?
Nous avons si peu à cacher.
A part peut-être un rendez-vous
Qu'on préférerait oublier.

La machine est une gloutonne,
Rien ne pourra être effacé.
Ce qu'elle nous prend, ce qu'on lui donne,
Seront à jamais archivés.

Imaginez que dans cent ans,
Toutes nos traces numériques,
Seront encore camouflées dans
Une mémoire électronique.

Le grand frère reste serein,
Et sa société militaire.
Nous voilà tous, la tête en l'air,
Un mobile au creux de la main.

Vous le dire en face

Stagno paradisio

« Etang Paradis » à Jacques et Françoise

L'étang était humide et bien sombre en hiver.
Une barque de bois s'y ennuyait encore.
La roulotte vidée, patientait là, dehors,
Espérant un printemps qui l'emmène à la mer.

Les moins de quarante ans n'ont pas connu l'histoire,
Des gardons haletants que nous jetions au bord.
Quand nous faisions les grands sans vraiment percevoir,
Qu'une partie de pêche valait tous les trésors.

Mais on n'y entrait pas, sans la clé du bonheur.
Un cadenas rouillé barrait l'entrée du lieu.
Et souvent les aînés négociaient quelques heures,
En mentant bassement sur l'objet de nos jeux.

En entrant dans l'enclos, un peu plus loin à droite,
Se trouvait une marre qu'on nous interdisait.
Une bâche masquait ce lieu que l'on convoite,
Où des milliers de petits têtards s'ébattaient.

Parmi tous les symboles des terres du Haut-Doubs,
La grenouille est placée haut dans le classement.
Qu'on aime les épier, qu'on les préfère par goût,
La rainette aux Bréseux est dans son élément.

Le dimanche en famille, nous pouvions être trente,
A savourer les cuisses du petit animal,
Grillées par ma grand-mère, quand mes oncles et tantes,
Réécrivaient le monde lors de joutes amicales.

L'esprit de la famille a résisté au temps.
L'odeur du beurre grillé où roussissaient les pattes,
Me remplit les narines lorsque de temps en temps,
Je revois mes complices lors de nos cousinades.

Il faudrait moins d'un an pour que le temps efface,
Le petit lagon vert où l'on jouait aux indiens.
Les hêtres fatigués résistent puis se lassent,
S'affalant un à un dans les eaux du bassin.

A la nature s'oppose la volonté des hommes,
Ceux-là ont résisté toute leur vie durant.
D'efforts contre le temps, ils ne sont économes,
Pour que s'amuse encore, le soleil sur l'étang.

Je viens d'y retourner la semaine dernière.
L'espace s'est affranchi des frontières de l'enclos.
Le soleil y pénètre partout même derrière,
L'endroit est au milieu du champ pour les oiseaux.

Pas sans vous !

Un mél étrange
M'est arrivé
Venant d'un ange
Un peu perché.

Je n'aurais pas
Dû recevoir
Ce postulat
Chu d'un grimoire.

Les anges aussi
Ou leur patron
Ont des soucis
De connexion.

Ce texte-là
Court et précis
Dit mon trépas
Avant minuit.

Le choc est rude.
J'en veux au Père
Qui d'habitude
Est moins disert.

Demain j'aurais
Comme voisins
Les cœurs brisés
Des orphelins.

Que vais-je faire
Pendant douze heures,
Le cimetière
A ma hauteur.

Parler aux arbres,
A la nature,
Quand sur un marbre
Git mon armure ?...

Ecrire un vers
Juste pour dire
Que la lumière
Vaut l'avenir ?...

Être debout
Chaque matin.
Replanter tout
Dans mon jardin ?...

Me satisfaire
S'il faut partir,
De l'éphémère
Tant qu'il respire ?...

Finalement,
Je vais dire « non »,
En répondant
A l'émission.

Je n'irai pas
Où on m'appelle
Même pour un roi
Et ses rituels.

Je n'irai pas
Au rendez-vous !
Je ne pars pas
Si c'est sans vous !

Balance

Les discours n'ont jamais été ta tasse de thé
Tu es bien dans l'action sans te la raconter.
Tant pis, je vais leur dire et un peu balancer,
Ce que m'auront appris ces dernières années.

L'arène politique connaît un vif émoi,
Macron et Sarkozy sont en ébullition,
Jean lance son parti, il veut devenir roi,
Une démocratie ... et pas d'opposition !

Jean est le supporter, d'une équipe de foot
Qui a gagné une coupe, mais ça remonte à loin,
On ne sait pas bien quand me disait un doyen,
Pendant le moyen-âge ? ... juste après les mammouths ?...

Chaque soir de match, Jean finit la vaisselle
C'est sa façon à lui de se calmer les nerfs.
Ah ça, on peut parler d'un fervent supporter !
Ils le savent à Dijon et jusques à Marseille.

Si vous improvisez, un repas, une fête,
N'appelez pas le soir, après vingt heure trente.
Il est souvent couché au journal d'Okrent,
Les invités arrivent quand Jean dort sous la couette.

Sur un court de tennis, un pro m'a raconté :
Il joue avec ses yeux, il joue avec vos nerfs.
Regardez l'autre assis, c'était son adversaire !
Qui cherche un nouveau psy, en implorant sa mère.

Jeannot, j'arrête là, la liste des dossiers.
Comme tu disais un jour, en trente ans d'amitié
Je t'ai bien pris la tête, à souvent cogiter,
Mais pas une seule fois, on ne s'est engueulés.

Car je suis bien verni, d'avoir un pote comme toi
Comment vous remercier, vous deux : toi et Céline
Des jeudis lumineux, des matins aspirine ?...
Un grand merci pour tout. Un grand merci pour ça.

Si le ciel n'est plus clair
Que les soleils sont gris,
Eloigné des éclairs
Il reste les amis.

Joyeux anniversaire mon Jeannot !

Reine de cœur

Être maman est un métier,
Que l'on exerce assurément,
Par vocation ou simplement,
Dans l'amour de sa destinée.

J'en connais une, près d'ici,
Qui incarne le rôle par cœur.
C'est vrai pour hier, pour aujourd'hui.
Pour les tourments, les jours meilleurs.

Il n'y a pas d'enseignement,
Pour nous exposer ce talent.
C'est une erreur quand on connaît,
Du rôle, la difficulté.

D'aucuns ont eu la riche idée,
De leur consacrer vingt-quatre heures,
C'est en juin ou peut-être en mai,
La fête des mères est un leurre.

Il est bien temps de rectifier
Cette escroquerie aux diplômes.
Je te décerne cette année,
Le prix d'excellence, sans quorum.

Prix de la générosité
Pour l'ensemble de ta carrière
Meilleur espoir confirmé
Comme amie et comme mère.

La vie nous donne un cœur unique,
Qu'il s'agit de bien protéger.
L'organe nous sert en pratique,
Dans les moments de vérité.

Alors Martine, finalement
C'est à lui que je vais destiner
Ces soixante vers partisans,
Tant d'un grand cœur Dieu t'a dotée.

Il bat si fort le tien Martine,
Qu'on l'entend loin dans la cité.
Il bat si fort ton cœur Martine
Qu'on le voit chaque jour officier.

Chouchoute-le, ton cœur Martine,
Il a tellement consolé.
Bien plus qu'avec des vitamines,
Il mérite d'être encouragé.

Et même si tu n'es pas très encline
A trop te regarder le nombril,
Ton cœur quand il se décline
Parle de toi, le fait sans bruit.

Tes enfants n'ont pas été clairs,
Sur ton âge, sur l'anniversaire.
Ils m'ont juste dit, c'est malin,
Que c'était un multiple de vingt.

Vingt ans c'est bien et ça promet.
Ça laisse tant de place aux projets.
Et avec un cœur comme le tien,
Il fera beau à Lyon demain.

Joyeux anniversaire Martine !

Embrun

Le nom de ce village sonne comme le mien.
Si j'y suis ce matin c'est pour un grand défi,
Il y a douze mois, face à un chirurgien
Qui évoquait le pire, j'ai lancé ce pari.

La course je m'en souviens, jusques-à l'arrivée.
Le vent frais du matin, l'eau glacée sur mon cou,
Les silhouettes noires, le rythme de mon pouls,
L'attente silencieuse ... et le départ donné !

A nager dans le noir, on a le temps de tout,
De sentir les frissons du froid sur ses épaules,
D'entendre sous les eaux, les bruits et les remous,
Des gestes empressés de fantômes qui se frôlent.

Le petit jour est là, quand je pose les mains,
Sur la barre en carbone qui tracera ma route.
Des heures à pédaler, tout autour du bassin,
En restant dans l'allure, sans connaître le doute.

Quand je pose le pied, pour commencer la course,
Le contact est brutal et le sol me rappelle
Qu'atteindre l'arrivée ne coule pas de source
Tant cette ultime épreuve ressemble à un tunnel.

Je ne transpire plus, mon sourire se tend.
Chaque pas me secoue, à mon corps défendant.
Je cours et puis je marche. Je cours et je soupire.
Un mime automatique me pousse sans plaisir.

La ligne d'arrivée, enfin me tend les bras.
Je ne ressens plus rien, deux mètres après le but.
Tant de robots me parlent, ... je ne les entends plus.
Lui me tend quelque chose, je ne sais pas bien quoi.

Mais qui m'a laissé là dans cette pièce vide ?
Et pourquoi la pendule affiche-t-elle quinze heures ?
Je suis un peu confus, quand mon corps est valide.
Laissez-moi m'en aller ! Lui plus que moi se meurt.

Que faites-vous ici avec des blouses blanches ?
Qu'est devenu lundi ? Revenons à dimanche.
M'avez-vous vu finir, m'avez-vous vu rentrer ?...
Où est passé le temps, dont on m'aurait privé ?...

Ah, c'est toi Isabelle, que s'est-il donc passé ?
Ils m'ont parlé d'un fil qui a failli casser.
Ils m'ont dit tant de choses, ils ont exagéré !
Moi je me sens si bien, il nous faudrait rentrer.

Epilogue
Le nom de ce village sonne comme le mien.
J'ai lancé ce pari pour défier un bassin.
Je reviendrai peut-être courir un jour ici,
Mais juste par plaisir, comme un nouveau défi.

Cœurs de gazelles

C'est le grand jour à Dar Kaoua,
Les deux gazelles sont au départ.
Trois ans qu'elles rêvent d'être là,
Trois ans sans guide, l'esprit routard.

Elles sont tatouées, de cette folie,
Qui rend les dunes attractives.
Elles sont aidées les deux jolies,
D'une volonté instinctive.

Les scientifiques ne savent pas,
Dire comment cet animal,
Aux habitudes méridionales,
Se révèle être de sang-froid.

Le bras de fer est discipline,
Dépourvue de testostérone.
Les défis sont une cuisine,
Qui se passe bien de l'hormone.

Ne cherchez pas dans leur sourire,
Un quelconque trait de faiblesse.
On les voit rarement venir,
Leurs feux ne sont pas de détresse.

Un virus s'est aventuré,
A vérifier leur résilience
Il a fini par abdiquer,
Après deux ans de turbulences.

Celui qui donne le départ,
Est bien long à baisser le bras.
C'est leur équipage qui part,
Sous les casques, des cris de joie.

Cette course ne joue pas la montre,
Elle est pilotée par boussoles.
Personne n'est vraiment pour ou contre,
Il faut trouver des banderoles.

Les dunes brulantes en ont piégé,
Des burinées et des tatouées.
Elles ne connaissaient pas les gazelles,
Les deux frangines, les deux gémelles.

Le mécano se tient la tête,
Il a croisé une gazelle,
Sous la visière, les deux prunelles,
D'une frangine à l'œil d'athlète.

Le premier jour est difficile,
Histoire de cap, histoire d'auto.
Le Maroc peut devenir hostile,
Loin de la plage Cabo Negro.

L'œil du compas les a perdues.
Elles auraient pu suivre un troupeau.
Ceux qui connaissent les Gazeaud,
N'auraient jamais compté dessus.

Les jours s'enchainent dans la course,
Les téléphones sont rangés.
Les montres n'ont plus la ressource,
De permettre au temps de compter.

Sous la couverture de survie,
Vers l'arbre creux de l'oasis,
Les deux sœurs se sont endormies.
Huit jours de course, sans cicatrice.

Au premier soleil du matin,
Elles reprennent déjà la piste,
Elles n'ont pas trop l'air de touristes.
Jusqu'à la ligne tout au moins.

Elles l'ont relevé le défi,
De traverser à deux le désert.
Elles méritent la cérémonie,
D'un défilé près de la mer.

Dans cette brume matinale,
Près des dunes d'Essaouira,
Rugit leur monture animale,
Qui vient remercier le roi.

Les alizés n'y pourront rien,
Les traces laissées sur la dune,
Resteront comme le dessein,
De deux championnes peu communes.

Je n'oublie pas leurs compagnons,
Qui ont œuvré à ce défi,
Ils n'ont pas préparé de chanson.
Eux brillent par leur modestie.

Un grand bravo les Gazelles !

Contemplation

Tour du Mont Blanc, juillet 2022

Pourquoi es-tu venue petite silhouette
Tourner autour de moi, sans même t'approcher ?
Pourquoi es-tu venue, en minuscule athlète
Caresser mes atours, juste à me contempler ?...

Pourquoi es-tu venue petite silhouette
Transpirer sans raison, sur mes pentes sévères
Abimer tes genoux, à dévaler mes crêtes
Pour retrouver demain, tes journées ordinaires ?...

Pourquoi es-tu venue petite silhouette
Affronter les humeurs, de météos hostiles
Brûler ta peau fragile sur mes neiges en diète
Et passer ton chemin, éloigné de la ville ?...

Pourquoi es-tu venue petite silhouette
Chevaucher mes torrents, contempler mes rivières
Qui sont autant de larmes, sur les années d'hier
Où mes glaciers fondaient seulement en cachette.

Pourquoi es-tu venue petite silhouette
Abandonnant les tiens, pour soigner des ampoules ?
Cherches-tu la lumière, planquée sous ta casquette
Ou fuis-tu le béton, le bruit ou bien la foule ?...

Pourquoi es-tu venue petite silhouette
Te sens-tu plus vivante, sous mes sapins prospères
A faire d'une pomme, une douce recette
Maquillée de mes pluies ou de crème solaire ?...

Pourquoi es-tu venue petite silhouette
Mon brouillard matinal serait-il suffisant
Pour dix jours d'abandon, sans même savoir comment
Marcher tout près de moi, fait une action complète ?...

Pourquoi es-tu venue petite silhouette
Porter un sac à dos, sur deux cents kilomètres
J'y vois comme un secret, la petite cachette
De la paix intérieure que tu voudrais connaître.

Dis-leur que tu m'as vu sous toutes mes coutures.
Dis-leur qu'on trouve ici un peu de ta nature.
J'ai un million d'années, toi peut-être un jour cent.
J'ai tout mon avenir, le tien n'est que présent.

Là-bas

Tchad, 1992

Ça s'est passé il y a trente ans.
Juste un peu plus que des enfants
Ils arrivaient dans l'univers
D'un terrain de jeu militaire.

Pour beaucoup c'était une première.
Franchir autant de frontières
En atterrissant quelque part
En pleine Afrique, dans son histoire.

Les nantis se glaçaient le nez
Sous une clim surboostée.
Quand d'autres mouillaient tant leurs draps
Que le sommeil ne venait pas.

Mais l'équipe s'était formée
Une vingtaine de casse-cous
Qui formeraient le comité
Des vrais motards au permis flou.

Chaque semaine était la même
A attendre le samedi
Pour s'évader vers les problèmes
Au plus profond du grand pays.

Car ils en ont eu des galères :
Les éléphants, les militaires
Les crevaisons, les pannes sèches
Ou la conduite dans le « fesh fesh ».

Les meilleurs étaient bien devant
A doubler les retardataires.
Encore faut-il savoir comment
Lire une boussole sans marche arrière.

Les plus rôdés se partageaient
La règle absolue du rider :
Devant l'obstacle ou la rivière
Tu donnes un grand coup de poignet.

D'aucun ont considéré le conseil
Comme une obligation absolue.
Ils auront malgré tout survécu
Sous les morsures du soleil.

La nuit, les esprits s'échauffaient
Mais il m'est interdit ici
De raconter tous les secrets
Des relations d'après minuit.

On connait tous Jaralamis
Kribi, Garoua et puis Waza.
Un peu d'eau et un couteau suisse
Faisaient de nous de vrais rois.

Il y a un laboratoire
Ou sévissait l'un d'entre nous.
Discutez avec lui pour savoir
Comment il en gérait les sous.

Le Tchad est un pays charmant
Ou deux peuples bien différents
Cohabitent en pleine confiance
Sous le feu de la présidence.

Si vous passez par la « piscine »
Pas besoin d'un maillot de bains.
Triste mémoire d'une usine
A redresser ses citoyens.

Heureusement la France veille
A imposer la démocratie.
La société depuis s'éveille
Mais toujours avec un Deby.

Si je gardais un souvenir
De ces deux ans dans ce pays
C'est celui de l'état d'esprit
Des Tchadiens et de leur sourire.

Nous avons la technologie
Le confort et puis les ordis.
N'a-t-on pas perdu quelque chose
A voir le temps dont ils disposent ?

On pourrait en parler longtemps
De l'hospitalité là-bas.
Si vous tombez mal, ou à plat.
Dans le désert, un habitant !

Voilà le temps qui est passé
Le temps de deux respirations.
La pilosité a bougé …
Il a de l'allure le bataillon !

Ils sont un peu loin les jeunots
Trente ans après, ça fait bizarre.
Serait temps d'penser à l'apéro
Pour nous égayer la mémoire.

Pour finir un mot pour Céline
Et pour Christian je dis bravo !
Ce sont eux qui à l'origine
Ont permis ce joyeux tableau.

MERCI !

Bataillard

Nom de famille Français originaire de l'est de la France utilisé pour la première fois officieusement par Jean Batailly, chevalier de Marchamp, qui en 1358 a pris possession de La Farge à Propières dans le Rhône, à une heure de Lyon.

Un chevalier lointain peut être à l'origine,
De la seule étiquette qu'on ne décolle pas.
Qu'on sache son histoire ou bien qu'on l'imagine
Je porterai son nom jusques à mon trépas.

Bataillard ou Dupont c'était sans importance,
Vu de mes yeux d'hier, quand j'étais un enfant.
Par contre je l'avoue, j'ai apprécié la chance,
Qu'un ordre alphabétique me place plutôt devant.

Avoir un patronyme n'était pas suffisant,
Un petit nom manquait que l'on mettrait avant.
Comme la tradition pouvait en fixer trois,
Voilà Louis, Philippe et en premier François.

Evidemment c'est lourd de porter à la fois
Une armure, une épée et des prénoms de rois.
Y aurait-il un lien quand par un beau matin,
J'ai appris à parler juste en alexandrins ?...

On m'a dit qu'une étoile a touché mon berceau !
C'est que l'astéroïde a dû rater son saut,
A mettre entre mes mains un crayon de papier,
Pour défendre l'espace de ma curiosité.

Pas sûr que mon aïeul reconnaisse les siens
A l'épaisseur des traits que je dépose en vain.
Tant pis ! Mon château fort est peu sécurisé,
Mais la valse des mots permet de m'échapper.

Pas ma frangine !

Les gens se tiennent bien,
Comme de vraies machines.
Corrects politiquement.
Pas ma frangine !

Donner son avis, bien sûr,
Avec discernement,
Les mots choisis, élégamment !
Pas ma frangine !

Chacun son appartement,
Le divan, la télé, on piétine.
Heureux seul chez soi, tout simplement.
Pas ma frangine !

Généreux, je le suis, dit le passant !
Je donne un peu. Le reste, je l'enracine !
Mes sous, mes « B.A. » et mon temps.
Pas ma frangine !

Pour ce qui est de l'engagement,
Faut réfléchir, prendre le temps.
Choisir ses causes et la vitrine !
Pas ma frangine !

Parler beaucoup. En faire un peu.
Sauver le monde en limousine,
Révolution sur Moleskine …
Pas ma frangine !

Vous avez raison pour la terre,
Cette nature qu'on assassine !
Pour le changement, je procrastine.
Pas ma frangine !

Un animal, naturellement !
J'adore mon chien.
A bien se tenir, je lui apprends !
Pas ma frangine !

Pour le covid évidemment,
C'est bien normal qu'on me vaccine.
La vie, c'est mieux sous commandement.
Sans ma frangine !

Les vacances, à l'hôtel, c'est reposant.
Chaise longue au bord de la piscine,
Le bonheur vrai, sans mouvement.
Pas ma frangine !

Et pour fêter ses cinquante ans ?
Juste un copain et deux copines.
Faut calculer, pas voir trop grand.
Pas ma frangine !

Une nana au cœur énorme !
Qui a les autres en discipline !
Avec la générosité d'un enfant.
C'est ma frangine !

Bon anniversaire Marielle 😄

Fier

Joyeux anniversaire Marie !

Quelqu'un là-haut s'amuse avec une grande roue
Il joue avec le vent pour la faire tourner
Accélérant le temps de la moindre journée.
Nous laissant des horloges pour prendre garde à nous.

Il y a vingt-cinq ans j'écrivais quelques lignes
Pour dire mon bonheur de t'accueillir ici.
En voici un extrait, pour rappeler des signes
De cet événement, qui survint une nuit.

Une âme, ce jour-là, cherchait depuis lurette,
Sur terre façon d'entrer par la porte secrète.
De cornes et d'écailles, Dieu lui fit un nid,
Elle deviendra taureau, car c'est Lui qui choisit.

Petit taureau demain, tu devras découvrir,
Ta nouvelle maison et l'air qu'on y respire,
Le monde des enfants et de ceux plus âgés,
Qui portent dans leur cœur, ce qu'il leur faut chercher.

Alors, oui je suis fier, de toi, de ton dessein
Ta façon de traiter, ton environnement
De dépasser les lignes, de tes enseignements,
Et d'accepter le risque, d'apprendre chaque matin.

Personne ne peut dire de quoi est fait demain.
Qu'importe finalement, vu qu'on n'a pas la main.
Concernant aujourd'hui, comme disent les anciens
Quel projet pour sa vie ?... Le but c'est le chemin.

Sur les chemins de Stevenson

« Amazone », âne de 7 ans, près de Florac, Lozère
Ils ne le savent pas
Mais je les ai suivis.
Bien souvent au repas,
Et quelquefois la nuit.

L'âme de ma lignée
S'est fait une conduite
Pour que les randonnées
Respectent bien le mythe.

Je me souviens très bien
De ce matin frileux
Lorsque les neuf copains
Débutèrent joyeux.

Je regardais de loin
Je n'étais pas bavarde
Ils prenaient les chemins
Que le soleil lézarde.

Tôt devant leur bagage
Ils souriaient souvent.
Le soir sur les visages,
C'était très différent.

Les départs se suivaient
Leurs bardas sur le dos.
Les courbatures venaient
Dès le premier repos.

A tel point que certains
Les omoplates en feu
Renonçaient à leur bien,
Et firent un sac pour deux.

Le soleil capricieux
Était pourtant présent
Brûlant un audacieux
Couvert d'un drôle d'onguent.

A force de marcher
Sur leurs ampoules vives,
La lumière s'amplifiait
A chaque récidive.

L'une d'elle fit couler
Un peu d'eau sur ses pieds,
Comme pour hydrater
Ses plantes desséchées.

Puis de petits nuages
Survolèrent le groupe.
Plus aucun paysage !
Ni abri pour la soupe !

Malgré le temps ils bougent
Comme si de rien n'était
L'une en chaperon rouge
L'autre, chafouin, luttait.

La pluie et brouillard,
Leur ont servi d'indices.
Ils mélangeaient le soir,
La Badoit au pastis.

Les lois de la physique
Valent aussi pour l'eau.
Les camelbags compliquent
Les remises à niveau.

Cette équipée sauvage
Conjugue le super.
Pourtant côté breuvage
Leur choix, c'est bien la bière.

Notre environnement
Est une noble cause.
Gardez précieusement
Vos déchets pour l'Osmose.

Sur les chemins de terre
C'est le dénivelé,
Qui fait de la misère
Aux mollets entrainés.

Et quand il faut descendre
Là, ce sont les genoux
Qui vont se faire entendre
Pour ceux qui tiennent debout.

Mamie Dom a compris
Les vertus du repas
Pour cette compagnie
Si avide de plat.

Ces moments en couleurs
S'exhibaient en palette.
Tisane, confiture, beurre
Tournaient sur les assiettes.

Le soir ils s'endormaient
A la mélatonine.
Sauf ceux qui se couchaient
Près d'un moteur d'usine.

Ils se firent la malle
Depuis Saint Jean du Gard
Pour terminer très pales
En descendant du car.

Pour garder une trace
De cet heureux séjour,
Chacun trouva la place
D'un souvenir au retour.

Un âne en porte clés
Une ampoule rougie
Un genou tuméfié
Mais pas de puces de lits !

Ils ont fini à neuf
Enfin dans quel état !
Un âne et pas de bœuf
Avait servi de foi.

Vous m'avez demandé
Le sens de ce parcours.
Le pourquoi du trajet
A faire en quelques jours.

Je vais vous décevoir
La réponse est banale.
C'est un observatoire
Des vertus cardinales.

Eloge de la lenteur
Ou goût pour l'inutile.
On y trouve un bonheur
Qui disparaît en ville.

Les moulins et les ponts
Forment des passerelles
Comme des liaisons
Vers la vie naturelle.

"Bon chemin" entend-on
Sur cette randonnée.
C'est ici une chanson
Un hymne à la beauté.

volte-face

Le scarabée et l'araignée

Un scarabée volant, venait de s'échapper,
D'une toile gluante et bien dissimulée,
Sous un appât charmant, qui semblait lui sourire.
Il lui fallut des heures pour éviter le pire.

Remis de l'émotion, titubant malgré tout,
Il changea de chemin pour faire son nouveau trou.
Un nouveau tête-à-tête étant à éviter,
Il creusa très profond avant de s'installer.

Le temps fit son office et le coléoptère,
Comprit qu'à vouloir s'éloigner de l'araignée,
C'est dans son propre piège, qu'il s'était enfermé.
Caché, certes on respire, mais sans en avoir l'air.

Craindre les araignées, fussent-elles veuves ou noires,
Revient à accepter, leur choix des territoires.
Il faut bien accepter de croiser l'animal,
Quand la sérénité est un point cardinal.

Sur mes pieds

Vous vous ressemblez tant,
Les deux, superposées,
Deux bouches, vociférant,
Juste-là sous mon nez.

Entre les deux, vingt ans,
Ont bien dû s'écouler.
Et face au revenant,
Mon cœur s'est retourné.

On ne marchera plus,
Sur le bout de mes pieds.
Qu'importe s'il fallut,
Pour cela te quitter.

Les yeux bleus

Elle attend là, sans impatience
Celui qui l'accompagnera.
Assurée de cette évidence,
Qu'il est bien quelque part là-bas.

Les yeux fixés sur l'objectif
Elle abandonne son sourire
Aux ambitieux, aux affectifs
Eux qui auraient tant à lui dire.

Elle ne répond pourtant jamais
Par politesse ou sans passion.
Elle connaît trop les habitués
Qui récitent des partitions.

Le jour où j'ai croisé ses yeux
Il m'a fallu un peu de temps,
Pour comprendre pourquoi le bleu
Se montre sans équivalent.

Je lui ai dit pour son regard,
Elle n'a pas bougé pour autant,
Bien sûr, il est déjà trop tard,
Elle se taira certainement.

C'est pourtant en la regardant,
Que des poètes j'ai appris,
Que l'on peut voir un océan,
Dans les yeux bleus de Nathalie.

Le vent mauvais

Cette petite flamme est venue sur la terre,
Avec l'instinct tranquille des êtres de lumière.
Elle souriait aux reflets de son humeur d'enfant.
Elle inspirait les airs qui tissent le présent.

Elle souffla trois bougies, en imitant le vent.
Il n'est pas d'interdit, quand on est un enfant.
L'ombre qu'elle a croisée lui était familière.
Et l'ombre lui a pris l'espoir dans ses yeux verts.

Bien des années plus tard le spectre peut encore
Assombrir son humeur ou lui faire avoir tort.
Toi le vent qu'as-tu fait pour éviter l'offense ?
Pourquoi as-tu laissé voler cette innocence ?

Je t'ai confectionné, une poupée magique,
Un petit être doux, inspiré par la brise,
Léger comme l'alizé, sans crainte et sans emprise.
Elle se prénomme « Espoir », le modèle est unique.

J'y ai mis tout l'amour que j'aurai pu trouver.
J'ai pris de la forêt, sa force et sa franchise.
J'ai demandé aux anges de bien vouloir m'aider,
A peindre des couleurs sur une pupille grise.

La poupée ne sait pas, réécrire le passé.
Elle se moque du temps ! Mais elle sait le passage,
Pour briser les murailles et défier les âges,
Pour rendre sa lumière à un soleil voilé.

Une fleur

Edité chez « Flammes vives » en mai 2020

Une fleur m'a parlé
Je n'ai su quoi répondre.
On ne peut échanger ?...
Pourrait-on correspondre ?...

Les fleurs de ce pays
Ont des couleurs d'été.
Les pétales et les fruits
Y furent inventés.

On ne m'a pas appris
Très longtemps à rêver.
Dans mon pays tout gris
J'ai fini par rentrer.

Devant, sur le parvis
J'ai bien cru voir ma fée.
Je suis resté assis,
Et elle s'est envolée.

Il est près de midi
Sous le soleil d'été.
Quand on est né ici
C'est pour l'éternité.

Le diamant

Parmi les pierres primaires
Il est de belles surprises.
Les esprits de la terre,
En diamants se déguisent.

Bruts et étincelants,
Leur lumière est très pure,
Elle se voit cependant,
Seulement en nature.

Et j'en ai croisé un,
En forme de gigogne,
Par un hasard malin,
D'augures sans vergogne.

Je n'ai vu que le cœur,
Le reste était caché.
Touché par la lueur,
Je me suis arrêté.

La pierre était précieuse,
Isolée et sincère.
Sur sa face radieuse,
Une fissure légère.

J'ai voulu approcher
Mon bras de ce joyau,
Mais je fus empêché,
Par un curieux ruisseau.

La petite rivière,
Semblait vouloir défendre,
Le temps même éphémère,
De qui ne sait attendre.

Le temps s'est suspendu,
Aux branches tout autour,
Et mon bras retenu,
A dû faire demi-tour.

Je reviendrai demain,
Lundi et chaque jour,
Pour approcher enfin,
Le diamant sans détour.

L'inconnue

Elle a la peau soyeuse,
Une voix retenue.
Elle m'est déjà précieuse.
Je ne l'ai jamais vue !

Nous voyageons ensemble,
Sur un pont suspendu
Chez elle rien ne tremble.
Je ne l'ai jamais vue !

Elle me sourit encore,
Comme si elle avait su,
Expliquer cet accord.
Je ne l'ai jamais vue !

Elle m'écrit un poème,
Sans rien de superflu,
Bonheur que l'on parsème.
Je ne l'ai jamais vue !

Elle porte ses couleurs,
Comme font les tribus,
Pour montrer son bonheur.
Je ne l'ai jamais vue !

Elle met la main sur moi,
Ce n'était pas prévu,
Cela allait de soi.
Je ne l'ai jamais vue !

Elle est là devant moi,
Cette fois je l'ai vue.
Et sur le bout des doigts
Je l'ai toujours connue.

Avant que tu ne dormes

Ah, je voulais te dire avant que tu ne dormes,
Que les oiseaux ont vu ta main toucher la mienne.
Que des arbres anciens, aux racines énormes,
Ont chuchoté tout bas, avant que l'on ne vienne.

Ah, je voulais te dire avant que tu ne dormes,
Qu'un enfant a souri, en voyant ton visage,
Qu'il a lu dans nos yeux, les indicibles formes,
Dont on rêve en dormant, quand à deux on voyage.

Ah, je voulais te dire avant que tu ne dormes,
Que mes draps sont glacés à force de t'attendre,
Que j'ai laissé mon cœur perdre son uniforme,
En laissant dériver le temps pour en dépendre.

Ah, je voulais te dire avant que tu ne dormes,
Que je me suis pincé, cette nuit pour savoir
Au moins pour vérifier, au moins que l'on m'informe,
Si je t'ai rencontrée, ou si c'est un miroir.

Ah, je voulais te dire avant que tu ne dormes,
Que ce premier baiser, volé au restaurant,
Avait le goût du vent, des fleurs qui se transforment,
Quand un soleil d'été prend de l'espace au temps.

Ah, je voulais te dire avant que tu ne dormes,
De m'apprendre à danser, comme on fait à Rio,
Qu'il nous faut voyager, tout près ou à Stockholm,
Nous enivrer de l'air comme font les oiseaux.

J'aurais voulu te dire …
Mais le silence aussi, sait parler sans un mot.
J'enfermerai la nuit dedans du chloroforme
Pour regarder dormir la vie et ses cadeaux.

Si je savais écrire

Si je savais écrire,
Je chanterais des mots
A ne jamais finir,
Comme font les pianos.

Si je savais écrire,
Je serais le muet,
Qui saurait laisser dire
Ce que d'autres savaient.

Si je savais écrire,
J'essorerais le ciel,
Pour lui voler l'empire
Que l'encre bleue recèle.

Si je savais écrire,
C'est bien le mur du son,
Que je voudrais noircir,
Pour une seule raison.

Si je savais écrire,
On pourrait m'attacher,
Les mains sans parvenir,
A me faire renoncer.

Si je savais écrire,
Alors je coucherais,
Ce que sait l'avenir,
Sur un bout de papier.

Si je savais écrire,
Je saisirais la plume,
Du plus bel oiseau lyre,
Pour en faire un volume.

Si je savais écrire,
Je ne parlerais plus.
Je pourrais lui offrir,
Un présent suspendu.

Si je savais écrire,
Je soignerais sa peine,
A trouver son sourire,
A la fin d'un poème.

Si je savais écrire,
Je laisserais mon âme,
Elle-même choisir
Les lettres à une dame.

Si je savais écrire,
J'élèverais mes vers,
A vouloir la séduire,
Dans l'art et la manière.

Si je savais écrire,
Je vous parlerais d'elle.
J'ai oublié de dire,
Elle s'appelle Isabel.

Papillon

Un papillon gris bleu
S'est posé sur ma main.
Nous voilà juste deux
Dans un simple jardin.

Le temps tout retourné
S'arrêta en avril.
Le vent se fit souffler
Les chansons du Brésil.

Cette gracieuse idylle,
S'écrit en pointillés
Quand face laisse à pile,
Le temps de se poser.

Calendrier dis-moi,
Si je peux lui parler.
Pour montrer les endroits
Où l'on peut s'envoler.

Face cachée

La plus banale des pièces a tout de même deux faces ...

Ill. : Marie

Adopté

Il est bien peu de connivence,
Avec mes parents adoptifs.
Mes compagnons ont plus de chance.
Sans doute étaient-ils moins naïfs.

Quand nous étions ensemble au moins
Partagions-nous le même repas.
Nous ne dormions jamais trop loin,
Dans le silence, dans le fracas.

Ils sont bien trop durs avec moi.
Demain, j'irai voir les voisins.
J'ai repéré par quel endroit
Je peux m'échapper sans témoin.

Je me suis mis sur la terrasse,
A cette place ils me verront.
Y aura-t-il assez d'espace,
Dans la chaleureuse maison ?

Quand elle est sortie la première,
Elle ne parut pas très surprise.
J'ai baissé la tête en prières,
Assez fier de mon entreprise.

J'ai roulé des yeux tant et plus,
Montré ma faim et ma tristesse.
Mais quand son homme est apparu,
J'ai tout compris à son faciès.

Je marche seul, désorienté.
Sans mes compagnons d'infortune.
La nuit est glaciale et bleutée.
Ma truffe gèle dans la brume.

Mon fils

Voir ta mère s'arrondir, filmer tes premiers pas,
Cacher une quenotte, entendre tes soupirs,
En perdre le sommeil te regarder dormir,
M'inquiéter pour un rien, car me voilà papa.

Tes rires m'émerveillent, ton sourire me soigne.
Chaque jour tu grandis, un peu plus tu t'éloignes.
Malgré tout mon amour, ton histoire m'échappe.
Je ne peux retenir, ni ta vie, ni mes larmes.

Ce matin la maison est toute silencieuse.
Ta mère est près de moi, lascive et langoureuse.
Ils me manquent tes cris. Il me manque tes pas.
Moi qui voulais un fils. Elle qui n'en voulait pas.

Noir

Quand le soleil se lève à l'Est,
Je n'ai d'attention que pour toi.
C'est le jour qui se manifeste,
Le moment où je te reçois.

Cette couleur, sombre, divine,
M'attire encore et me ravit.
Je ne sais pas ton origine,
Je ne l'ai même pas choisie.

Je ferme les yeux devant toi,
Pour sentir à nouveau ta douceur,
Et remercier qui de droit,
Pour ta matinale chaleur.

Une journée privé de toi,
Est une image en demi-teinte,
Incomplète, quel désarroi !
Avec des lignes à moitié peintes.

J'aime t'entendre le matin,
Ces petits éclats de tendresse,
Où tu recherches le chemin,
Pour révéler ta robustesse.

Alors je t'approche de moi,
Goûtant d'avance le délice,
De mes lèvres dans leur émoi,
Qui me font savourer ce vice.

La première gorgée me suffit
A revivre ma dépendance,
Savoir comment je sors du lit
Sans regrets et sans résistance.

La montagne

Il ne fait pas trois mètres et je ne peux franchir
L'espace vertical qui se tient devant moi.
Perché sur l'escabeau et sur les pieds tout droit,
L'horizon est bouché et moque mes soupirs.

Et je suis retourné aux pieds de la montagne,
Essayant d'autres voies, que celle de la veille.
Pour reconsidérer l'obstacle, je m'éloigne.
Il me résiste encore à perdre le sommeil.

C'est vrai que la lumière n'aide pas à l'ouvrage.
Ce n'est pas une excuse, j'en prends pourtant ombrage,
Car les reflets glacés de la surface lisse,
Pétrifient mes espoirs glissant sur l'édifice.

C'est la couleur du soir, qui me plonge le plus,
Dans le doute croissant d'une possible issue.
L'humeur de mes matins, me permet cependant
D'imaginer comment reprendre l'ascendant.

Alors ils m'ont aidée, les guides endémiques,
A prodiguer chacun avec quelques mimiques,
Leurs conseils éclairés pour contourner l'obstacle
Prédisant un succès, promettant un miracle.

Vaincre les interstices, repérer les fissures,
Permet de progresser et de combler les vides,
Par des gestes gracieux, doux, précis et fluides,
De ce pan que je ne peux plus voir en peinture.

C'est ainsi que dimanche, j'ai pu réaliser,
Que le mur devant moi était son autre face.
Je n'ai pas bien dormi, mais je n'ai pas rêvé,
Je l'avais bien franchi, sans laisser une trace.

Pour colorer nos vies, il est bien des façons,
Entre le lâcher prise ou bien l'obstination.
Quelqu'un m'a dit un jour que le bonheur serait,
Le résultat d'efforts que l'on fait sans compter.

Pour certains c'est un pic, pour d'autres le trottoir,
Qui nous sert à chacun, à mesurer nos forces.
Qu'importe la hauteur, chacun son promontoire,
Mais si c'est en béquilles, ça fait long pour la Corse.

Compagnon

Pourquoi m'as-tu laissé
Ce jour-là ma chérie.
Sans un mot, sans parler
Comme si c'était fini.

Je me suis épuisé
Couché sur le rebord,
A secouer tout mon corps,
Sans être regardé.

J'ai aimé tes baisers.
Je vibrais quand ta main
Venait me rechercher
Au fond des draps en lin.

Tes lèvres sur mon corps
Sont un doux souvenir.
Tu me parlais si fort,
Je sentais tes soupirs.

Je n'ai plus l'énergie
Pour être celui-là,
Pour être ton produit,
Si l'autre reste là.

Il est plus fort que moi,
Plus grand et plus robuste.
Quand feras-tu un choix,
Lequel des deux s'incruste ?

Si ton désir encore
Peut m'être destiné,
Donne-moi un support,
Ou je suis condamné.

Elite

Dès le tout premier jour, on nous mit au courant,
Qu'un régiment d'élite faisait la place belle,
A ceux qui vont plus vite, à ceux qui sont devant.
Qu'importent les blessures, qu'importent les séquelles.

Mais on ne savait rien des missions à remplir.
On devinait pourtant à force d'exercices,
Que les entraînements étaient autant d'indices.
Il fallait viser bien et puis savoir courir.

Le temps semblait bien long dans la triste caserne.
Nous étions très nombreux parmi les subalternes
A nous impatienter de départs éventuels,
Dont on parlait souvent, sans données officielles.

Mais un soir j'ai surpris une conversation,
Ceux qui étaient partis ne revenaient jamais.
Le dernier contingent, un petit bataillon,
Avait été noyé. Aucun n'était rentré.

Le tourment nous gagnait, on allait aux nouvelles.
Mon voisin de chambrée me fit la confidence,
De transmissions ratées, d'un système manuel,
Qui conduisait nos troupes, à quelques défaillances.

Une légion d'élite était larguée hier,
Pas d'amélioration, le même résultat,
Où la troupe au complet fut larguée par les airs,
Pour être aperçue bien plus tard dans de beaux draps.

Dans la nuit le cor sonna le rassemblement.
Ma bande allait partir !... On ne savait pas quand !...
Chacun se tenait droit, prêt à intervenir.
Aucun bruit dans les rangs, à part quelques soupirs.

Puis l'ordre fut donné, ce fut une décharge.
Nous courions vers dehors, tout en jouant des coudes.
Collés les uns aux autres, dans l'esprit qui nous soude.
Devant s'ouvrait déjà un tunnel plus large.

L'attaque fut un carnage et nous voilà déjà
Agglutinés au fond d'une fatale impasse.
Certains qui se débattent et d'autres qui trépassent.
Un coup était parti, mais ce fut sans combat.

Je n'en saurais pas plus, je finirais ici.
On m'avait pourtant dit que pour certains élus,
La fin était plus douce et qu'elle avait un but :
Quelque chose de grand et à la fois petit.

Petit

Je ne suis pas toujours visible,
C'est vrai, je suis plutôt discret.
Mais je reste très accessible,
Dès lors que la manière y est.

Oui, il s'agit bien de ma taille.
Elle est moquée bien trop souvent.
On donne souvent la médaille,
Aux plus grands manifestement.

D'aucuns rient un peu mon allure,
Se sentant si forts à vouloir,
Battre leurs blagues sur la mesure,
Sans personne pour s'émouvoir.

Je ne suis le porte-parole,
D'aucun mouvement quel qu'il soit.
Et je ne veux pas d'auréole,
Pour nous défendre, mon frère et moi.

Laissez-moi juste vous redire,
Que des mouvements de défense,
Pourraient naître si vos offenses,
Les décidaient à nous soutenir.

Non, ce n'est pas une menace.
Mais il est vrai que je m'agace,
A constater des mouvements,
Sur tout, mais jamais sur ce plan.

Pourtant, je n'ai rien à envier,
A ceux de ma génération,
Qui revendiquent aux balcons,
Si fort leur générosité.

Celui-là qui sourit sous cape,
En m'apercevant dans la rue,
Y voit peut-être un handicap.
Ignorant tout de mon statut.

C'est que chez moi, on me chouchoute.
J'en connais même un qui m'adore.
Je crois même que je l'envoute,
Charles dessine plutôt qu'il dort.

Il en a fait une chanson,
Un hymne à ma ligne parfaite.
Il lui fallut plusieurs versions,
Pour me dessiner le poète.

Plus récemment Alain Souchon
En fait une philosophie,
Ma dérisoire condition
Peut donner un sens à la vie.

Peau lisse

Je t'ai aimé plus romantique.
A notre première entrevue,
Tu avais mis de la musique,
Comme on séduit une inconnue.

Tu me parlais bas dans l'oreille
En me murmurant des mots doux.
Aujourd'hui plus rien n'est pareil.
J'ai l'impression que tu t'en fous.

Je ne veux pas de polémiques,
Pourtant tu ne manques pas d'air.
Nos jeux ne sont plus très ludiques,
Tu n'éteins même plus la lumière.

Je suis triste de ma plastique,
Mes cheveux sont décolorés,
Et avant nos jeux érotiques
Il m'arrive de me dégonfler.

Ma coiffure laisse à désirer,
Mais je fais pourtant mon possible,
Pour que tu puisses encore m'aimer
En me montrant un peu flexible.

Parlons aussi de ta pression,
Ton emballement me fait fuir.
Ce ne sont pas des conditions
Qui permettent que je respire.

Sur la condition féminine
J'en connais pourtant un rayon
Je me souviens à l'origine,
De tes longues hésitations.

Si je suis si triste aujourd'hui
C'est que tu m'as remise en boîte
Alors que je n'ai même rien dit,
Et que je suis restée si droite.

Quel mauvais film, une série B !
A me retrouver sous le lit,
Pourquoi devrais-je me cacher ?
Quel événement s'est produit ?

Voilà, elle est là la raison !
Mon Dieu, mais elle est bien en chair !
Ah mais en plus, elle te répond ?!?
Je crois que je vais manquer d'air.

Séparation !

Elle est là la fin de l'histoire
Dans une mer de solitude
Sans un mot et sans un regard
A cette trop basse altitude.

Il nous fallut pourtant du temps
Et tant de chemins tortueux
Pour que je prenne incidemment
Ma place dans cet abri creux.

Bien sûr nous eûmes des orages.
Des vents violents ou facétieux,
Poussaient mon corps vers le rivage
Quand tu me retenais au mieux.

Vint alors l'heure de te quitter
De dire Adieu à ce confort.
Sans la relation sulfurée,
Je nageais déjà vers mon sort.

Et pour chasser mes idées noires,
Je rêvais encore de toi.
Aurais-je pu te faire assoir
Sans trop précipiter ton choix ?

Quand je n'ai plus vu de lumière
Je me suis laissé emporter.
Il n'y avait plus rien à faire,
N'aurais-je jamais pu rentrer ?

J'étais si mal considéré.
La relation à sens unique.
Je ne vais pas la regretter,
Il a fallu plus qu'un déclic.